U0611290

管理语录

（美丽浙江普陀山版）

庄研　著

浙江人民出版社

▶▶面对资源约束趋紧、环境污染严重、生态系统退化的严峻形势，必须树立尊重自然、顺应自然、保护自然的生态文明理念，把生态文明建设放在突出地位，融入经济建设、政治建设、文化建设、社会建设各方面和全过程，努力建设美丽中国，实现中华民族永续发展。

▶▶美丽中国：美在山川，美在文化，美在历史，更美在人文。特别是真善美，美在人心。

目录

管理智慧之一

管理从思想上来说是哲学的，从理论上来说是科学的，从操作上来说是艺术的。

　　管理从思想上来说是哲学的，从理论上来说是科学的，从操作上来说是艺术的。管理就是采用合适的方法进行有效的管理。

　　管理就是沟通、沟通、再沟通。管理的艺术在于沟通的技巧和真诚。一个单位存在的问题，只有 20%是因为普通员工的操作失误，而 80%源于管理者和管理制度。

　　好的管理者要具备"上善若水"的品格，无私地帮助、培养部下，而不是给部下设置各种障碍。高明的领导者引导员工的思维，不高明的领导者时刻看管员工的行为。

　　管理知识不等于管理能力，管理能力不等于管理素养。管理理论再动听，如果没有好的结果，也是空洞的语言垃圾。说一千不如做一事。不要做口头的管理理论家，而要做实干实效的管理者。

一 点 感 悟

　　管理者欣赏部下是一种境界，管理者善待部下是一种胸怀，管理者关心部下是一种品质，管理者理解部下是一种涵养，管理者帮助部下是一种快乐，管理者学习部下是一种智慧。

　　你的管理境界有多高，你管理的事业就有多大。管理的最高境界，就是管理好自己。领导是领导思想，管理是管理能力。一流领导统一员工的思想，二流领导统一员工的行动，三流领导统一员工的形象。

不同层次的领导都要有忧患意识。如果感觉个人有"最短板的一块"，就应该尽快把它补上；如果领导的团队存在"一块最短的木板"，也应该尽快把它补上，否则会带来灾难性的后果。

　　管理的技巧之一就是执行、执行、再执行。在执行中发现问题，在执行中解决问题，在执行中获得成果。三流的点子加一流的执行力，永远比一流的点子加三流的执行力更有效。个体执行力差，是个人的能力问题；整体执行力差，是单位的管理问题。

　　用人之前必须考虑"德薄而位尊，谋小而计大，力小而任重"这三大危险，以此作为管理的控制点。

一 点 感 悟

　　管理的艺术之一就是欣赏、欣赏、再欣赏。作为一个领导，你可以不了解部下的全部，却不能不知道部下的长处。世界上没有十全十美的员工，你要用欣赏的眼光与员工沟通。真诚地爱你的员工，反过来他会百倍地爱你和单位。

　　部下素质低不是管理者的责任，但是不能提高部下的素质却是管理者的责任。管理者需要具备以下八种心态：尊重之心、期望之心、合作之心、沟通之心、服务之心、欣赏之心、授权之心以及分享之心。

不善于倾听不同的声音，是管理者最大的无能。管理者的人品，上下三个口，是众人的口。管理者的人格，去掉木，就是各人的各。个性管理很重要。

　　没有完美的个人，只有完美的团队。合作是一切团队繁荣的根本。大成功靠团队，小成功靠个人。大多数团体的成功，管理者的贡献率平均不超过两成。任何组织的成功，都是靠团队而不是靠个人。

　　管理就是把复杂的问题简单化，把混乱的事情规范化。当出现问题的时候，管理者要快速赶到"现场"去解决问题，处理矛盾。

不要忽视语言的力量，领导赞扬部下是一种非常高超的管理手段。如果你经常发自内心地赞扬部下，你就会得到他们的信任，并且这种信任将有很强的传导力。

一 点 感 悟

管理有如修塔，如果只想往上砌砖，而忘记打牢基础，总有一天会倒塌。管理要从心开始，了解部下的内心，彼此之间进行充分的心灵沟通。

　　高层管理者做正确的事，中层管理者正确地做事，执行层人员把事做正确。赏善而不罚恶，则乱；罚恶而不赏善，亦乱。

　　兵熊熊一个，将熊熊一窝！一头雄狮子带领的一群绵羊，可以打败一只绵羊带领的一群雄狮。对于单位和员工来说，有一个英明的、有魄力的领导是最大的幸运。

不要因为有些事情难以做到，就失去了斗志。一旦管理者失去了斗志，那事情就更难以做到了。当管理者手指着员工随意批评的时候，别忘了还有三个手指头是指着自己的。领导要经常反省自己，而不是随性恶语伤人。

在什么位子，就干好什么事，这是大地的法则。管理不但是管别人、理别人，更多的是管自己、理自己。特别是管理自己的言行，管理自己的内心，加强自己的道德修养，提高自己的沟通协调能力。

管理智慧之二

哲人无忧，智者常乐。管理出现问题，领导首先要勇敢地承担责任，而不是把过错推给别人。

　　管理即人的管理。领导等于"领袖＋导师"。能够经营好人才的单位才是最终的大赢家，这是领导者的责任。卓有成效的管理者善于用人之长。用人在于如何避开部下的短处，提高他们的素质，并且充分发挥其长处。

　　管理者的修养包括"学、问、宽、仁"四点，要"学以聚之，问以变之，宽以居之，仁以行之"。每天学习，让自己有知识、有见解，知识渊博。不要不懂装懂，应该事事好问，多请教别人，问出问题所在，想出解决方案。当然，光有学问还不行，还要胸襟宽广，宽以待人，不能心胸狭隘。然后还要有仁慈之心。

优秀的管理者不会让部下觉得他在受束缚和折磨。君视臣如草芥,臣视君如寇仇。自始至终把人性化管理放在第一位,尊重员工是管理成功的关键。你奖励部下什么,自己就会得到什么。

一 点 感 悟

　　管理不但要抓外延管理，还要抓内涵管理。下等管理者用自己之力去做事，中等管理者用别人之力去做事，上等管理者善用别人的智慧去做事。

　　成功一定有方法，失败一定有原因。让部下把简单的工作做到极致，就是绝招管理。不应把管理的重点放在不断改进员工的缺点，把员工培养成"完人"上，而应经常挖掘员工的优点，并将其发扬光大，形成员工独特的优势，成为某一个方面、某一种技术、某一个点上的专家、强人！这是最成功的管理方法。

一点感悟

　　思路决定出路，想法决定活法。没思路的领导不想互动，没控制力的领导不敢互动。领导必须调动员工的工作情绪。没有比忙忙碌碌更容易的事情，没有比事半功倍更困难的事情。结果比过程重要。

　　管理的目的：让单位有规则，让单位有次序。管理的手段：赏罚分明，赏要由下往上赏，罚要由上往下罚。人主不公，人臣不忠也。

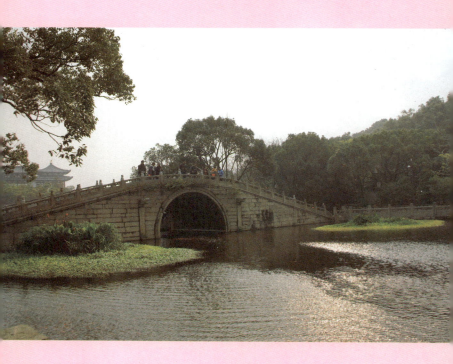

　　小领导经营事：忙、盲、茫。大领导经营人：用人之所长，到处都是人才。管理关键是人才管理，八分人才，九分使用，十分待遇。

　　管理有问题，领导首先要自我检查。两种领导思维：一是内向型思维模式，从内到外，错误的几率低，内耗小；二是外向型思维模式，从外到内，错误的几率多，内耗大。从外转向内，所有的问题就是领导自己的。团队各自责，天晴地宁；团队各相责，天翻地覆。

　　能用君子是人品，会用小人是智慧。领导绝不能搞小圈子，近小人，失人才，结果把自己搞死。当领导，要亲贤臣，治小人。管理者应具备厚道的品质，所谓"厚道"，就是人品好，能力强。

一点感悟

掌握管理者的 12 项修炼：拟订计划、制定决策、解决问题、制定标准、成果管理、绩效考核、团队建设、领导能力、培养部下、主持会议、沟通表达、个人管理。

　　当员工不到百名时，要站在员工前面进行指挥；当员工达到千人时，必须站在员工中间，鼓励员工积极工作；当员工达到万人时，只要站在员工后面，心存感激即可。

　　管理不是一味死板严格的管，而是充满爱心的理；管理就是把复杂的问题简单化，把混乱的事情规范化。所需的 80%，来自所做的 20%。管理之王道：谁信你？谁跟你？凭什么你做老大？

管理者需要保持平和的心态，"在人之下，以己为人；在人之上，以人为人"。要经常问自己两个问题：是否把鼓励员工当作重要的工作？是否找到了最适合激励员工的方式？

平庸领导下跳棋，伟大领导下象棋。下象棋的精妙之处就在于，需要整合资源、协调作战。个体执行力差，是个人的能力问题；整体执行力差，是单位的管理问题。领导者如果"做一天和尚撞一天钟"，那就不是有没有责任心的问题，而是会带来灾难性的后果。

一 点 感 悟

　　管理不能只治流不治源。只要有想法，有办法，就能够解决问题。只要敢于正视问题，解决问题，就可以不断前进。

　　事业要成功，管理上非得有胆量不可。一个没有胆识的领导，再好的机会到来，也不敢去把握与尝试。虽然没有失败的风险，但也失去了成功的机遇。

若要求部下表现优良，就必须关心、鼓励他们，让
他们对工作感兴趣，有成就感，让他们知道自己的工作
是整个工作中重要的一环。

不能用职能管理的手去推职能管理的山。领导观念不变原地游，观念一变天地宽。不要抱怨员工观念不转变，首先要检查自己的观念彻底转变了没有。

　　抓好提高员工素质的工作，管理效率自然会提高；不抓员工素质的工作，管理的力量就会越来越弱。单位留人有"薪酬留人、情感留人和知识留人"，但是后两者更为重要。

一点感悟

管理智慧之三

　　说了，不一定做了。做了，不一定到位。管理的目的就是，不但要让员工按照领导的意图去行动，而且工作还要很有成效。

要做事，先做人，真正的管理者永远处于众人之下。人低成王。管理者重在敬天、遵法与谋势。领导不为部下的得失着想，就没有"天"。

对上司谦逊是一种责任，对同事谦逊是一种素养，对员工谦逊是一种尊重。领导不能光制定发展战略，核心是要创造适应变革的和谐的环境。管理的秘诀，一是通过内部激励机制，让有差异的员工发挥潜能；二是创造良好的环境，让员工心情舒畅地工作。

　　优秀的领导懂得放弃完美，宽容对待部下，畅通的执行力，充分信任与授权，给员工以锻炼的机会，并允许其犯错误，让他自己从错误中学习和提高。

　　从管理的角度来讲，两点之间最短的距离不一定是
一条直线，而是一条障碍最小的曲线。光培养员工勇往
直前是不够的，还要培养员工在复杂的、困难的环境下
完成任务的勇气和智慧。

　　赞美型领导更有魅力，更能够成事业。好部下、好员工是鼓励出来的。看破不说破，是管理的艺术。批评使员工知道什么是错的，但常常让其不知道什么是对的。赞美直接告诉其什么是对的，从而避免什么是错的。

一 点 感 悟

"困难只是在印证一个人伟大的程度"。领导往往是在部下完成最困难任务的时候发现人才的。这也是检验员工能力的最佳方式。

任何时候，管理责任都有一个定量，任何一方如果承担过多的责任，另一方就会相应地减少承担等量责任。领导不能把责任都推给部下，把成绩都归功于自己。

　　好的管理者是把出主意和用人有机地统一起来。能够真诚自然地实行管理行为，既能表现出领导者的胸怀，也能产生管理效益。

　　看书一般是从头开始看，但管理恰好相反，先从结局开始，为达成结局而不懈努力。看不出存在的问题是管理者最大的问题。终端的问题就是领导的问题。工作要简化，不要简单化。荣誉是领导的，失败的耻辱也是领导的。一个管理者应该把单位管理得井井有条，欣欣向荣，否则就面临被替代的危险。

　　管理就是让员工知道领导的规划，了解领导的规划，理解领导的实施计划和要求，同时让利益维系彼此。如果领导在工作中失去冷静和忍耐，被怒火控制心情，指导工作时带有坏情绪，那么只能导致管理的恶果。

一点感悟

　　领导者必须具备真、善、美的品德，其角色应该是：促进每一个员工学习，让每一个员工敢于向你讲真话。怎样才能调动员工的工作情绪？了解下属不快乐的根源并且尽量解决，这是领导的主要管理任务。

　　协调能力的高低决定了一个领导是伟大还是平庸。用一个生动的故事来沟通协调，要比一套严谨的分析更能让人心悦诚服地接受，并容易心平气和地达成共识。

领导者对人才不应苛求完美，毕竟任何人都难免有些小毛病，不必过分计较。重要的是要发现其主要特点和优点。世界上没有完人，领导自己也不是完人，更何况员工。

　　一次选定一个目标，咬住不放，锲而不舍。成功最大的障碍，就在于放弃。管理就像爬阶梯一样，一步一阶，必能抵达山顶，丝毫投机取巧不得。

作为一个领导，总爱在背后打探员工的秘密，这种领导当个侦探还可以，却不是一个好领导。员工得不到信任，其工作情绪无疑会受到影响。对于善恶过于分明，一旦知道员工的过失，就斤斤计较，是领导的大忌讳。

一 点 感 悟

口头表扬很重要，很管用。无论走到哪里都不要吝啬你的赞许，每个员工都盼着领导会赏识他。如果谁工作做得好，领导表扬了他，他不但不会因此骄傲，反而会再接再厉更好地工作。

领导员工必须从管理自己的内心和言行开始。很多领导往往只看见部下的过失，却看不见自己的错误。只有严于律己，才是成功管理的基础。看到并不代表做到，知识并不代表能力。

　　管理"十诫"：一诫奋斗目标不明确；二诫扭曲雇佣关系；三诫结党营私、玩弄权术；四诫以单位资源充当个人赌注；五诫自恃无人替代；六诫疏于维护个人的信誉；七诫既无反对勇气，又缺乏接受的胸襟；八诫对单位欠缺归属感；九诫荒废专业技能；十诫堵塞跳槽渠道。

不能人尽其才，是管理者最可悲的事情。一个员工怨声载道的单位，肯定不是好单位；一个专搞结党营私小团体的单位，其领导者的"寿命"也不长久。

　　领导把自己作为"老大"自居，这是其人生的不幸，也是单位最大的祸根。领导和部下都是人，都有各自的好恶。任人唯亲会激起员工的不满和反抗。如果某人和领导是同乡、朋友或是亲戚，因此被"破格"提升，这将导致单位内士气大减，最终酿成内乱的悲剧。

管理智慧之四

上之所好，下必随之。领导首先是员工的表率。谦和的态度远比强悍的态度效果要好百倍。

　　领导者必须学会"弯着身子"管理，尽量公正地待人处世。如果领导对一切事情都能无私公正，那么部下就会体谅和理解。领导守信用、有能力、有水平，对下级坦诚，员工就会从心里尊重你、服从你。领导的权威不是职位赋予的。

领导有权力命令部下做事，但若用说服的办法，就会事半功倍。谁也不愿意被人支使，最好的办法是在分配工作任务的时候，采取客气有礼貌的交流态度。这样做会产生理想的效果，部下也会心悦诚服。

没人甘心做木偶，任人随意摆弄。员工不喜欢领导独自安排一切，也想参与制定计划和讨论。管理者应该发挥部下的积极性和智慧。

一点感悟

　　领导最忌讳的事情是自以为比任何员工都聪明，听不得一点批评或者反对的意见。集思广益，能够听到许多好建议。如果团队里只有一种声音，那么这是一个糟糕的，也是失败的团队。

　　如果把一个团体比作一支拔河队，那么管理者一定
要去当拉拉队队长，这要比当拔河队里最强壮、最有力
的队员好得多。

一点感悟

　　拿破仑式的管理者没有好下场。在单位里千万别做独裁者，遇事不跟别人商量，自作主张，乱发命令。虽然独裁式的领导作风让你感觉很威风，但这只能带来短暂的快感，到头来惨败的还是你自己。

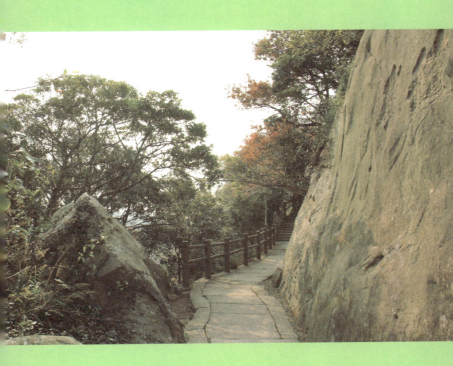

　　抱怨部下只提出问题却不想办法，这是不正确的。能提出问题就证明员工在思考。领导应该鼓励而不是指责员工，下一步他就会想出好的办法来。想办法去改变爱发牢骚的员工，引导他们要么自己去做事，要么帮助别人做事。

　　领导总想自己比部下高出一筹，这会挫伤部下的积极性。过分自负只能让别人看到你内心深刻的自卑情结。员工一般都会避开那种过于自负和自恋的领导。

用人不疑，疑人不用。你越用挑剔的眼光去审视部下的缺点，你就会越不信任部下，甚至排斥部下。宽松的工作环境是领导和员工一起营造的，但是主要责任在领导。

因为你是单位领导，你就认为有权力可以随便给部下难堪，这是一种无能和窝囊的表现。如果接连不断地给部下难堪，而你内心又感觉很快意时，那么就要注意反省了，否则你的麻烦和灾难将迅速来临。

一点感悟

　　优秀的领导往往会认真倾听部下的建议，这样其领导地位会不断得以提高。通常情况下，部下经过深思熟虑后才会提出建议，如果你用简单的一个"不"字就否定了，从此他会失去对你的信任以及思考的积极性和创新的信心。

关心部下的生活永远是最好的管理方式之一。当面称赞部下，电话里委婉批评员工。经常称赞部下，尤其是对外人称赞，会让人觉得你是一个有能力的领导。如果总对外人抱怨部下，则会让人觉得你是一个无能的领导。当着一个部下的面批评另一个部下是最严重的失误。批评要达到目的，而不是发泄愤怒，图一时痛快。

批评部下做错了，这是平庸的领导；指出部下错在哪里，这是一般的领导；告诉部下怎样正确做事，这是好领导；心平气和地教授部下将来避免犯同样的错误，这才是英明的领导。

　　优柔寡断的领导是最糟糕的领导。领导的优柔寡断会使部下变成一群无头蚂蚁，既找不到食物，又找不到回家的路。如果真面临无法决断的问题，领导首先要做的就是充分听取部下的意见，即使没有得到最上策的建议，也会从中受到启发。

　　领导不是万能的，其实每个人都有无知的地方。领导认为自己是万能的，无所不知的，单位的灾难就到来了。应该学习刘备，团结团队的所有力量，就没有什么问题是解决不了的。领导的胸怀非常重要，有多大的胸怀，就做多大的事业。

一点感悟

　　灵活要有原则，原则却不能灵活。坚持原则需要勇气和智慧。没有管理的原则，也就出不了有效的管理成果。

　　如果你想成为一个好的领导，就必须每天反省自己、修正自己、提高自己。领导被赞誉、被赞扬、被欣赏，是其综合管理素质的体现。

　　单位昨天的成功经验与辉煌可能是明天成功的阻碍。积极心态的领导在每一次忧患中都能看到一个或者几个机会，而消极心态的领导则在每个机会面前都看到某种或者多种忧患。

领导不要害怕部下的能力超过自己，相反，你应该高兴，认为自己有能力去管理他们。管理就是要任用比自己强的人为自己工作。

遇事从容则有勇气，管理从容则有艺术。领导必须明白，什么应该听，什么不应该听。有些难听的话能够听而不闻。不要轻信，更不要只听几个人的意见。

一点感悟

管理智慧之五

　　管理无止境，尽职无止境。怎么管，如何理，必须十分清楚。管理艺术好像催化剂，可以使管理效果发挥更佳。

没有英雄干不成事，英雄太多容易出事！对于工作或者任务，管理的艺术不是用最好的人才，而是用最合适的人去做适合的工作。

　　管理者要超越个人的力量极限，去完成个人无法完成的任务，这需要勇气与信心；同时，管理又是要通过他人去完成单位的目标，这需要谦逊与包容。

管理，最好的状态是正常；最有效的手段是平衡；最高的境界是自然。问题管理，管理问题。问题就是机遇。承担责任不是问题出现之后，而是应该在问题出现之前。

　　许多时候不是细节决定成败，而是细节的选择决定成败。领导首先要把握全局，然后才是关注细节。管理者必须知道，拿着显微镜是看不见大象的。

对领导来说，部下肯对自己说真话是一种幸运。总是围着你转的不一定忠诚，总是提反对意见的未必有恶意，身上有点小毛病的也有可能成大事。

一点感悟

　　无法评估，就无法管理；无法衡量，就无法控制；无法计划，就无法决策。为什么少数员工常常被证明是对的，原因在于多数员工态度不认真。

　　管理者除了学识、品德以外，还要兢兢业业工作，随时反思，才能领悟管理的真谛。管理者必须进行问题管理，而不是危机管理。如果天天都是危机管理，单位也就快倒闭了。

　　用好人才，管理好人才，是单位成败的关键。领导唯有懂得欣赏不同员工的各种长处，才能领导和团结更多的人。市场竞争，说到底是人才的竞争，也是员工素质的竞争。领导不能凭个人的好恶来用人，应该人尽其才，接纳与自己性格不合的人，并且尽量发挥其特长。

你希望员工怎样对待你，你就应该放下领导的架子，谦和地对待所有的员工。不要不顾员工的自身感受，只把他们当作一种简单的劳动力来使用。

　　领导力的四个境界：第一，员工因为你的岗位而服从你；第二，员工因为你的能力而听从你；第三，员工因为你的培养而感恩你；第四，员工因为你的魅力而拥戴你。领导不等于高高在上，岗位的权力不等于你的能力和权威。管理就是自己的行动，特别是给员工树立好的榜样。领导应该给员工创造一个充满活力、和谐的氛围。

一点感悟

　　管理上再大的事情，一旦背离了做人的道德底线，就没有任何意义。管理者首先要把自己当人，而不要当神来看待；要把部下当亲人，而不要当奴仆来对待。

　　领导的真正价值取决于对其所履行的管理职能的定位、判断和执行。管理上的瞎忙碌并不值得同情，没有效率、没有目标的忙碌，还不如沉下心来看一本管理类的书。

　　管理者如果不能自我反省的话，基本上也就不具备管理决策能力，因为世上没有不犯错误的人。在管理与实施过程中，有一个不变的规律，这就是实施、总结、修正的过程。

　　一味地增加员工、扩充机构，而不提高员工的素质、执行能力，完善管理制度，好日子是维持不了多久的。虽然培训所需的费用很贵，但是不培训所要付出的代价更昂贵。

　　经营单位首先是经营人，经营人首先要尊重部下。一个单位的核心竞争力，关键取决于员工是增值的资产，还是负债的包袱。单位最大的资产是人，而不是物。单位只有拥有好的人才，并且让其充分发挥特长，才能快速地发展。

一点感悟

　　事业做小了是技巧，做大了是为人。员工齐心，管理用心，对客户真心。领导者杜绝诽谤唯一的办法就是提高自我修养，平息员工非议的唯一途径就是从我做起。

　　不同领导者的类型：超级领导，死了思想却永存，继续指导前进；一流领导，无为而治，其存在对下属是精神支柱；二流领导，自己不干，下属玩命干；三流领导，自己干，下属跟着干；四流领导，自己不干，下属被动干，缺乏激励多说教；五流领导，自己干，下属无事干；六流领导，不知为何干、如何干。

不要抱怨硬件不好，单位出现的所有问题，首先都是人的问题。当然，管理者是主要的问题。不是零部件的不合格，是人的不合格。

　　要结果，不要过程；要效果，不要借口。管理无小事，许多大事就在小事之中。没有思路就没有出路。单位发展不起来的问题主要是思路问题，不是缺人，是缺思路；不是缺产品，是缺思路。

　　管理的最高境界是把不可能的事情变成可能。能够让员工把简单的事千百遍都做对，就是不简单的管理。能够让员工把公认的非常容易的事情认真地做好，就是不容易的管理。

图书在版编目（CIP）数据

管理语录：美丽浙江普陀山版 / 庄研著. —杭州：浙江
人民出版社，2013.4
ISBN 978-7-213-05407-5

Ⅰ.①管…　Ⅱ.①庄…　Ⅲ.①管理学—通俗读物
Ⅳ.①C93-49

中国版本图书馆 CIP 数据核字（2013）第 045994 号

管理语录（美丽浙江普陀山版）

作　　者：	庄　研　著
出版发行：	浙江人民出版社（杭州市体育场路 347 号　邮编　310006）
	市场部电话：(0571)85061682　85176516
集团网址：	浙江出版联合集团　http://www.zjcb.com
责任编辑：	李　雯
责任校对：	张谷年
封面设计：	王　芸
电脑制版：	杭州兴邦电子印务有限公司
印　　刷：	浙江新华印刷技术有限公司

开　　本：	787mm×1092mm　　1/32	**印　　张：**	4
字　　数：	5 万	**插　　页：**	4
版　　次：	2013 年 4 月第 1 版	**印　　次：**	2013 年 4 月第 1 次印刷
书　　号：	ISBN 978-7-213-05407-5		
定　　价：	28.00 元		

如发现印装质量问题，影响阅读，请与市场部联系调换。